Próxima parada: Canadá

Ginger McDonnell

Asesor

Timothy Rasinski, Ph.D.
Kent State University

Créditos

Dona Herweck Rice, *Gerente de redacción*
Robin Erickson, *Directora de diseño y producción*
Lee Aucoin, *Directora creativa*
Conni Medina, M.A.Ed., *Directora editorial*
Ericka Paz, *Editora asistente*
Stephanie Reid, *Editora de fotos*
Rachelle Cracchiolo, M.S.Ed., *Editora comercial*

Basado en los escritos de *TIME For Kids*.
TIME For Kids y el logotipo de *TIME For Kids* son marcas registradas de TIME Inc.
Usado bajo licencia.

Teacher Created Materials

5301 Oceanus Drive
Huntington Beach, CA 92649-1030
http://www.tcmpub.com
ISBN 978-1-4333-4438-1
© 2012 Teacher Created Materials, Inc.
Printed in China
Nordica.052018.CA21800434

Tabla de contenido

¡Bienvenidos a Canadá!

¡Bienvenidos a **Canadá**, el país norteamericano más cercano al Polo Norte!

Hoy en día, Canadá es un país independiente. Hace muchos años, pertenecía a Inglaterra. Antes de eso, era parte de Francia.

Ártico

Groenlandia

Estados Unidos

CANADÁ

Estados Unidos

Los cinco países más grandes del mundo

1. Rusia
2. Canadá
3. Estados Unidos
4. China
5. Brasil

Canadá es el segundo país más grande del mundo. Ocupa casi toda la parte superior de **Norteamérica**.

Los primeros habitantes de Canadá fueron los **indígenas**. El nombre de Canadá proviene de una palabra indígena que significa "aldea."

Algunos de los paisajes más hermosos están en Canadá.

El norte de Canadá es muy frío. La mayor parte del tiempo está cubierto de nieve y hielo. Pocas personas viven allí.

Canadá tiene extensos
bosques. Tiene altas montañas
rocosas. El monte Logan es la
montaña más alta de Canadá.

Canadá tiene muchas islas donde pueden verse **costas** arenosas, verdes **prados** y coloridas flores silvestres.

Las granjas se extienden bajo el gran cielo azul por las amplias **llanuras** canadienses.

Plantas

En las llanuras hay pocos árboles pero hay mucho pasto que crece a gran altura. En el norte casi no hay plantas.

En el oeste, los densos bosques están poblados por **árboles de hojas perennes**, como pinos y abetos.

¿Alguna vez has percibido el olor de un bosque de árboles de hojas perennes? Tiene un aroma intenso y picante.

Animales

En cada tipo de región viven distintos animales.

En los bosques puedes encontrar lobos, liebres y castores. Allí también viven ciervos, zorros y osos.

A los **caribúes** y peludos osos polares les encanta el frío norte.

A los **narvales** les gustan las heladas aguas oceánicas de la zona.

Deportes

Canadá es un país famoso por sus deportes invernales. El **hockey** es el deporte más popular. Canadá tiene varios de los mejores equipos de hockey del mundo.

Los atletas canadienses muchas veces obtienen buenos resultados en los **Juegos Olímpicos de Invierno**. Son especialmente buenos para el esquí y el patinaje.

Canadá tiene muchas ciudades grandes. Toronto es la más grande. Ottawa es la capital de Canadá.

Montreal es una ciudad antigua. La mayoría de sus habitantes hablan francés, como las personas que poblaron la ciudad hace mucho tiempo.

¿Qué más te gustaría saber acerca de Canadá? En esta tabla encontrarás más información importante.

Datos acerca de Canadá	
Idiomas oficiales:	inglés y francés
Jefe de gobierno:	primer ministro
Año de independencia:	1931
Número de provincias:	10
Número de territorios:	3
Bandera:	tres franjas (roja, blanca y roja), con una hoja de arce de color rojo en el centro
Símbolo:	hoja de arce
Himno nacional:	"Oh, Canadá"
Cultivos principales:	trigo, cebada, papas, maíz, soja
Moneda:	dólar canadiense

Glosario

árboles de hojas perennes—una clase de planta que tiene hojas verdes todo el año

bosques—los terrenos donde crecen abundantes cantidades de árboles

Canadá—un extenso país norteamericano, segundo país más grande del mundo

caribú—una clase de ciervo que habita en el ártico

costas—la tierra que colinda con las masas de agua

hockey—un deporte que se juega sobre hielo con palos y un disco

indígena—una persona cuyos antepasados fueron los primeros pobladores de América

Juegos Olímpicos de Invierno—las competencias deportivas que se celebran cada cuatro años y en las que participan atletas de todo el mundo

llanuras—los terrenos planos sin árboles

narvales—una clase de ballena que habita los océanos árticos

Norteamérica—uno de los siete continentes del mundo

prados—los terrenos cubiertos por pastos